Género Ficción histórica

I0902707

Pregunta esencial

¿Qué experiencias pueden cambiar la forma en que te ves a ti mismo y al mundo que te rodea?

La construcción del saber

Sindy Moya Chaves
ilustrado por Mariano Gil

Capítulo 1

Las primeras piedras

17 de julio de 1551

Lo que más me gusta de mi ciudad es su antiguo nombre: Tenochtitlán. Mi abuelo proviene de España, pero conoce muy bien la historia de esta ciudad. Dice que así la nombraron sus fundadores: los mexicas. Los mexicas provenían de un lugar lejano llamado Aztlán. Esta palabra significa "lugar de las garzas". Venían guiados por Tenoch, un hombre muy valiente. Después de una larga travesía, Tenoch vio una pequeña isla en medio de un lago. Ese era el lugar que los dioses les habían prometido para que se asentaran. Ahí los mexicas fundaron la ciudad y le pusieron Tenochtitlán, en honor a Tenoch.

Siempre trato de imaginar cómo fue todo en ese entonces. Cómo era el lugar del que venían los mexicas. Cómo estaban vestidos. Cómo planeaban los viajes para ir de un lado a otro. Qué comían. En fin... cómo era la vida en su tiempo.

El abuelo me cuenta que la pequeña isla era un centro ceremonial de los mexicas. Allí, con el tiempo, construyeron palacios, edificios y calzadas. Cultivaron flores y verduras en unos huertos flotantes, llamados chinampas. Las chinampas eran armazones de troncos y varas, cubiertos de tierra fértil. Algunas chinampas eran grandes, otras pequeñas. Los mexicas construyeron pirámides. También construyeron canales para navegar por todo su territorio. Vivían en una ciudad que estaba entre el agua y la tierra. ¡Increíble! Me pregunto cómo habrá sido recorrer la ciudad en barco... embarcarse para ir a un lugar, después desembarcar y regresar de la misma manera a casa... y así todos los días.

Desde la llegada de los españoles, la transición ha sido impresionante. La ciudad ha cambiado mucho. Ahora, las construcciones son muy diferentes a las de los mexicas. Los españoles han edificado, siguiendo el estilo español, las casas, el cabildo, la cárcel, la carnicería, la iglesia, las tiendas y la plaza central donde nos reunimos.

AHORA COMPRUEBA

¿Qué son las chinampas?

10 de agosto de 1551

Cerca de nuestra casa han empezado a construir un gran edificio. Para rellenar un enorme hueco, las personas que trabajan en la construcción trajeron diferentes materiales, fragmentos de roca y arena. Ya terminaron los cimientos del edificio. Pusieron una capa uniforme y compacta de cemento natural para sostener el peso.

Desde el principio, puse mucha atención en la construcción. Me interesaba saber cómo empezaron y ver cómo van avanzando tan rápido. Las personas empleadas en la construcción trabajan muy duro. Parecen hormigas grandes cargando rocas y ubicándolas ordenadamente donde corresponde. A veces me gustaría abrir los ojos y ver el edificio terminado, pero comprendo que todo debe hacerse paso a paso. Mi abuelo me dice que será un lugar muy importante.

A veces, Juan, mi hermano mayor, sube conmigo al balcón y contemplamos el edificio en construcción. Él dice que será una réplica de una pirámide mexica. Yo le digo que no, que a mí me parece que será una gran torre desde la cual podremos ver toda la ciudad.

17 de enero de 1552

Creo que le he ganado a mi hermano. Ya se empiezan a notar los muros de ladrillo, la fachada del edificio y las ventanas. Es curioso, parece que tendrá muchas habitaciones y que será muy alto. Han esculpido unas columnas muy gruesas en el centro de la construcción. Forman un cuadrado perfecto. Parece que construirán una pequeña plaza dentro del edificio.

En el centro de la plaza construyen algo más. ¡Podría ser la estatua de un caballo o un rey… o tal vez un guerrero! Intento imaginármela y creo que el resultado será muy bonito.

—Será una universidad, Pedro. Quizá más adelante estudies allí. —Me dice mi abuelo al verme en la ventana. Yo lo miro extrañado sin saber de qué me está hablando.

—Abuelo, ¿qué es una universidad? —le pregunto intrigado.

Detective del lenguaje	**¿Qué indican las rayas de diálogo en esta página?**

Él hace un gesto cariñoso y me da una palmadita en la cabeza.

—¡Ya verás! Pronto estará terminado el edificio —dice dándose la vuelta.

La universidad es un enigma para mí. No entiendo qué se puede hacer en un lugar como el que están construyendo.

Capítulo 2

Juan va a la universidad

25 de enero de 1554

No lo puedo creer. ¡Ya han pasado dos años y la construcción de la universidad ha terminado! No tengo sueño. Me levanto muy temprano y voy a saludar al sol desde el balcón. Cuando bajo corriendo me encuentro con mi abuelo. Él me dice que me ponga mi ropa favorita porque me va a llevar a conocer la Real Universidad de México. Se llama así porque el rey de España ordenó su construcción.

Hay una gran celebración. Es el día de la inauguración y será el primer día de clases. Toda la gente de la ciudad se ha reunido en el centro para ver cómo se abren, por primera vez, las puertas de este gran edificio. Pero solo van a dejar entrar a los adultos. Aunque estoy vestido con mi mejor traje, no me dejan ver cómo es la universidad por dentro.

Mi hermano Juan, que tiene 16 años, empezará a asistir a la universidad. Aprenderá gramática, retórica, aritmética, geometría y música.

Juan me cuenta que en la clase de gramática le enseñarán a escribir con buena ortografía. También le enseñarán a entender bien lo que lee y a escribir textos coherentes. Eso le va a servir mucho porque mi abuelo dice que Juan escribe muchos disparates.

En retórica aprenderá a hablar en público. A Juan le gusta mucho dar discursos por toda la casa tratando de convencer a un público invisible. Mi abuelo y yo nos divertimos escuchándolo. En especial nos divierte cuando habla de la organización de la ciudad. Entonces, no imagino cómo va a ser cuando le enseñen a hacer buenos discursos en la universidad.

En aritmética y álgebra aprenderá a hacer cálculos con rapidez. También analizará figuras geométricas, a partir de cálculos matemáticos. Esta materia se llama geometría. Mi hermano está muy contento porque mi abuelo le heredó los libros sobre todos estos temas que estudiará.

12 de mayo de 1554

Juan es muy buen estudiante y se le nota lo contento que está de estar estudiando. Todos los días se levanta muy temprano y parte rápido hacia la universidad. Yo quiero ser como él, pero debo ser más disciplinado para lograrlo. A veces soy muy disperso y no me concentro en lo que tengo que hacer.

Hoy, a la hora del desayuno, mi abuelo me dijo que en seis años, cuando cumpla los 16, también estudiaré en la universidad. Me da miedo. Me siento incapaz de estudiar todas esas materias, pues no soy tan inteligente como Juan.

Cuando imagino que estoy hablando frente a un público, en las clases de retórica, me aterro. Creo que no podré hacerlo. Pensar en los cálculos de la clase de aritmética es espeluznante, me dan escalofríos. Incrédulo escucho a mi abuelo mientras desayunamos. Tengo miedo de desilusionarlo.

Detective del lenguaje	**La palabra subrayada es un adjetivo calificativo. Busca otros adjetivos calificativos en esta página.**

Antes de salir, mi hermano me cuenta de sus tareas. Como he estado estudiando todo el tiempo, quiere saber qué me pasa. Le digo que no quiero defraudar al abuelo. Él entiende y decide pedir permiso para que un día lo acompañe a sus clases. ¡Por fin conoceré la universidad!

Es un lugar hermoso; en realidad, es inspirador. Me asombra ver las columnas enormes que vi construir desde lejos. La estatua del conquistador en el centro del patio es majestuosa e imponente, tal como la imaginé. Caminamos por los corredores y logro ver los salones. Trato de asomarme pero, como soy tan bajito, no alcanzo a ver nada. Juan me alza y puedo ver a los maestros. Parecen estrictos, pero se nota que saben mucho.

Estoy muy nervioso, pero ir con Juan me calma. En el salón de clases, me presenta a sus compañeros y a su maestro, el señor Fernández de León. Tiene una mirada apacible pero, cuando me hace preguntas, no puedo responderle. Mi voz tiembla como gelatina. Después de unos minutos, veo que Juan y sus compañeros de clase responden y participan entusiasmados. Cuando se acaba la clase, el maestro me dice:

—Creo que serás un buen estudiante, Pedro.

Sus palabras me tranquilizan. Tal vez sí sea capaz de estudiar en la universidad, después de todo.

AHORA COMPRUEBA

¿Por qué Juan decide invitar a Pedro a la universidad?

Capítulo 3

Al fin voy a la universidad

22 de enero de 1560

Hoy es el día más emocionante de mi vida. Ya tengo 16 años y por fin voy a entrar a la universidad. Durante seis años he esperado este día y al fin ha llegado. Me levanto muy temprano y me apresuro a llegar puntualmente.

Como ya conozco la universidad, identifico los espacios y encuentro los salones de clase con facilidad.

Nuestra primera clase es de retórica y gramática. Mientras esperamos al maestro, miles de mariposas revolotean en mi estómago. Se abre la puerta y... ¡aparece el mismo maestro de Juan!

—Sabía que te vería hoy, Pedro. ¡Bienvenido a la construcción del saber! —dice cuando me ve.

Cuando vine con Juan, aquella vez, yo era el más pequeño de todos. Ahora mis compañeros tienen mi misma edad. Seguramente seremos buenos amigos y nos ayudaremos a entender los temas cuando tengamos dificultades. Juan me dijo que trabajando en grupo y colaborando entre compañeros se aprende mucho más.

La biblioteca es fenomenal. Presiento que allí pasaré horas y horas leyendo sobre civilizaciones antiguas. Una vez leí que los mexicas, al igual que nosotros, tenían lugares donde sus jóvenes se educaban: los telpochcalli. Mientras nosotros aprendemos gramática, retórica, lógica, aritmética y álgebra, ellos aprendían cantos de la historia de su pueblo y preparaban alabanzas para los dioses mexicas. También aprendían construcción y a cultivar la tierra.

Había muchos telpochcalli en todo el territorio mexica. Los jóvenes entraban a estudiar a los 15 años. Es decir, un año más jóvenes que nosotros. Este dato le interesó mucho al abuelo.

8 de abril de 1560

El maestro de retórica ha organizado un concurso de oratoria y todos los estudiantes podemos participar con un tema que escojamos nosotros. Estoy muy emocionado. El propósito del concurso es escribir un discurso que persuada al público.

Nos inscribimos cinco estudiantes. Los jueces evalúan, principalmente, nuestras habilidades para comunicarnos y ser persuasivos. No sé quién será el ganador, pero estoy seguro de que disfrutaré el proceso de investigación de mi tema y la escritura del discurso. El tema que escogí es la influencia de la familia en la educación. Los protagonistas de mi discurso son, por supuesto, mi abuelo y mi hermano.

14 de agosto de 1560

Ha llegado el día del concurso. Juan y mi abuelo son los primeros en llegar al auditorio. Se sientan en la primera fila; puedo verlos mientras leo mi discurso. La jornada es muy larga y agotadora. Los oradores van saliendo, uno a uno de la competencia. Al final solo quedamos dos.

Los jueces deliberan por largo rato. Para mí desconsuelo, pierdo la competencia de oratoria.

—Estás estudiando en una gran universidad —dice orgulloso mi abuelo—. Cuando salgas tendrás muchas oportunidades, así que no pierdas la perspectiva.

Sus palabras me reconfortan y me alegran. En este primer intento no salí victorioso, pero seguiré trabajando. Ahora sé que soy capaz de lograr cuanto me proponga. Abrazo a mi abuelo y a mi hermano, y nos vamos a casa hablando de mi discurso.

AHORA COMPRUEBA

¿Por qué Pedro tiene más confianza en sí mismo?

Respuesta a la lectura

Resumir

Usa los detalles más importantes de *La construcción del saber* para resumir el cuento. Puedes usar el organizador gráfico como ayuda.

Evidencia en el texto

1. ¿Cómo sabes que el cuento *La construcción del saber* es ficción histórica? Identifica una característica que lo indique. **GÉNERO**

2. Compara lo que aprenden los estudiantes de la Real Universidad de México con lo que se enseñaba en un telpochcalli. **COMPARAR Y CONTRASTAR**

3. ¿Qué significa la palabra *disparates* en la página 8? Lee las oraciones que la rodean para determinar su significado. **CLAVES DE CONTEXTO**

4. Escribe sobre Tenochtitlán cuando la habitaban los indígenas y cuando empezó la construcción de la universidad. **ESCRIBIR SOBRE LA LECTURA**

Género Ficción realista

Compara los textos

Lee acerca de lo que cambió las creencias de una niña sobre sus propias habilidades en béisbol.

Todo por sí misma

Sofía Larson se inscribió en el equipo de béisbol juvenil. Sabía que su abuelo la entrenaría. El abuelo había sido jugador profesional y sabía cómo hacerlo.

Sin embargo, el entrenamiento con el abuelo resultó ser demasiado extenuante.

—¿Podemos descansar unos días? Ya me enseñaste todo lo que necesito saber para jugar bien al béisbol —preguntó Sofía después de una semana de duras prácticas.

—¿Quieres ser una jugadora buena o la mejor jugadora? —preguntó su abuelo.

Sofía suspiró. Tomó el guante y el bate, y siguió al abuelo afuera.

Illustration: Kyle Reetz

Mientras llegaba la temporada de béisbol, el abuelo le enseñó todo sobre el juego. Cada vez que Sofía dudaba de sus capacidades, miraba al abuelo y las dudas desaparecían al instante.

En la mañana de su primer juego, el abuelo y Sofía fueron a revisar el campo de béisbol. Parecía como si los árboles del otro lado del parque susurraran que Sofía golpearía la pelota por encima de las ramas más altas.

—Sé que lo puedo lograr —dijo Sofía—, siempre y cuando tú estés ahí. Por favor, párate donde pueda verte —le pidió al abuelo.

Esa misma tarde, cuando Sofía se paró en el área de lanzamiento por vez primera, el abuelo no se veía en ninguna parte. Los árboles, que en la mañana se veían amistosos, ahora parecían oscuros y aterradores.

No había tiempo para hacer otra cosa que enfrentarse al lanzador.

Illustration: Kyle Raetz

¡Pum! Sofía hizo girar el bate y la pelota se elevó en el aire, antes de darse cuenta de que la había golpeado. Primera base, segunda base. Luego, resbaló a la tercera en medio de una nube de polvo. El equipo saltó con entusiasmo. El siguiente bateador golpeó la pelota y Sofía alcanzó el plato. Los gritos eran ensordecedores. Lo mejor, el abuelo estaba parado detrás del banco, vitoreando más fuerte que los demás.

—¿Dónde estabas? —le preguntó Sofía a su abuelo mientras corría—. Te busqué. ¡Te necesitaba!

—Tú solo pensaste que me necesitabas —dijo el abuelo—. El hecho es que cuando estás frente a la lanzadora, estás sola. Ahora ya sabes lo que puedes hacer conmigo o sin mí.

—Es cierto. Puedo hacerlo por mí misma. ¿Necesito aprender alguna otra lección? —sonrió y le preguntó al abuelo.

—Cuando se trata de béisbol —dijo el abuelo—, nunca terminas de aprender.

Haz conexiones

¿Qué convenció a Sofía de tener habilidades para ser una buena jugadora de béisbol en *Todo por sí misma*? **PREGUNTA ESENCIAL**

Compara las experiencias que cambiaron a Pedro y a Sofía en los dos cuentos. ¿En qué se parecen? ¿En qué se diferencian? **EL TEXTO Y OTROS TEXTOS**

Enfoque:
Elementos literarios

Lenguaje figurativo Los escritores usan el lenguaje figurativo cuando comparan un objeto o una persona con algo más. Esto se puede hacer de varias formas, por ejemplo, usando metáforas, símiles, personificaciones y onomatopeyas.

Lee y descubre En la página 10 de *La construcción del saber,* la voz de Pedro "tiembla como gelatina". Al comparar el temblor de la voz de Pedro con una gelatina, la autora usa un símil.

En la página 18 de *Todo por sí misma*, el autor utiliza la personificación para describir la manera como Sofía percibió los árboles: primero le parecían amistosos y después, parecían oscuros y aterradores.

Tu turno

Busca dos ejemplos más de lenguaje figurativo en estos cuentos. ¿Cómo serían si se escribieran literalmente? Transforma tus representaciones en dibujos coloridos que les recuerden a los demás usar el lenguaje figurativo en sus propios escritos.